수레국화

남경희 시집

수레국화

서문

희망과 마주 선 균형의 미학

최 광 호 | (사)한국문화예술연대 이사장 |

금번에 남경희 시인이 첫 시집 『수레국화』를 상재하게 되었다. 그의 시에는 시적 대상인 자연 상관물을 통해 인간애와 그리움의 정서가 시의 행간마다 깊은 의미와 여운을 드리우고 있어 잔잔한 감동을 안겨 준다.

남경희 시인의 시는 그리움과 외로움, 사랑과 이별, 아픔과 희열, 절망과 희망이 마주 선 균형의 미학을 이루고 있다. 여기서 시인에게 자연은 상상력의 근원적 공간이다. 때문에 시인의 자연물에 관한 비유적이고 함축적인 시적 진술은 삶의 진실을 승화시키려는 노력의 결과물일 수밖에 없다. 이런 의미에서 자연, 꽃은 인간의 삶을 비추어 주는 거울인 것이다.

시인에게 있어 자연과 꽃의 세계는 인간에게 삶의

진리를 이미지화하여 보여 주는 존재이다. 이런 깨달음의 공간 속에서 우리는 시적 대상과 하나가 되는 충만한 경험을 하게 될 것이다.

이와 같이 시인은 인간과 시적 대상인 자연 상관물의 융화를 통해 현실 속에서도 영혼이 떨리는 순간을 체험하는 정신적 존재로 직립하고자 한다.

어디서 보았던 얼굴인지/ 나를 보고 아는 척한다/ 나의 눈동자에 교차하는 얼굴 하나

새파랗게 질린 그 입술/ 파리하게 온몸을 떨고/ 귀리죽 한번 먹지 못한/ 건조한 살빛으로 웅크린 너

문밖은 이미 저세상의 것/ 하늘을 아무리 쳐다봐도/ 고독한 그 언덕에 핀/ 너는 수레국화

갈맷빛으로 물들여진 하심/ 더불어 깨닫는 날들/ 어제의 모습과 다가올 날을/ 고귀한 자태로 행복을 꿈꾸는/ 수레국화 한 송이.
― 〈수레국화〉 전문

상상력이란 실제의 외부적 대상을 의식 속에 형상화하여 구체화하는 행위나 힘을 일컫는다. 이것은 지각 작용과 상응한다. 그러나 시인에게 있어 상상력은 좀 더 능동적인 창의력과 구상력을 지니며 단순한 재

생이 아닌 창작의 상상으로 작용하고 있다. 또한 시인의 시적 상상력 속에 섬세한 감성과 능숙한 시어 구사력이 더해져 시의 묘미를 한껏 발산하고 있다.

남경희 시인의 시에서 뚜렷이 나타나는 또 하나의 특징은 시적 대상을 통한 균형과 조화의 미의식이다. 이는 시인의 성찰의식과도 결부되어 시의 완성도를 높이고 있다.

먼 바다를 바라보는/ 배롱나무 한 그루/ 바닷바람 일렁일 때마다/ 가슴이 울컥해져/ 서럽게 흐느낀다

눈물겨운 기다림이/ 진동한동 지나간 세월 속에/ 놓지 못한 사연들의 깊은 흔적이/ 검은 파도를 타고 섬으로 섬으로 넘쳐 간다

파도는 오고 가는데/ 먼 곳 가신 임 기다리다/ 못다 핀 배롱나무 꽃/ 붉다 못해 터져 버린 꽃물이/ 서쪽 하늘로 번져 간다.

—〈배롱나무〉 전문

시적 대상과의 합일과 유연한 교감은 시인의 참신한 시안詩眼을 느끼게 한다. 아울러 밀도 있는 구성과 시적 긴장감은 시의 응집력을 높이기에 부족함이 없다.

시에 있어 시인의 내면세계는 환유적 분신으로 작

용하고 있음을 잘 보여 주고 있다. 바로 시인의 현실적 좌절은 시로 승화되어 실존의 의미와 가치를 추구하는 행위로 나타나게 되며 이에 시의 의미로 변용되어 시적 가치를 높이고 있다.

  남경희 시인의 시는 시적 대상을 통해 삶의 의미를 반추하고 있으며, 그런 진솔한 사유는 절망과 아픔을 극복하는 삶의 혜안으로 작용하여 사랑의 지혜를 깨닫는다. 이처럼 시인에게 시쓰기는 삶의 존재 이유를 되찾는 과정이며 또 다른 의미의 희망적 사유이다. 바로 시인은 시라는 가교를 통해서 고통스럽게 스스로의 삶을 성찰한다. 그리고 더 나아가 고통의 경험이 반영된 삶의 길을 왜 가야 하는지 시를 통해 내보이고 있다. 언어 이전의 그리움의 절실함과 진실함으로 가슴속 깊은 시쓰기를 통해 삶의 체취를 깊이 우려내고 있기에 서문 몇 자 남긴다.

2015년 10월
문학공간사에서

시인의 말

❀

하늘이 이불이었고,
꽃이 나의 양식이었고,
산이 제게는 어머니의 품이었습니다.
 자연과 더불어 살아가는 모습을 글로 쓴다는 것은 제게는 영혼을 깨우는 일이었습니다. 습작을 하면서 성찰을 하고 깊은 내면을 키웠습니다.
 한 알의 모래 속에서 세계를 보라는 윌리엄 브레이크의 말처럼 작은 것에서부터 오는 만족과 행복을 깨달아야 했습니다.
 시를 쓰는 일이 욕심을 내려놓고 자연과 하나 되는 작업이었기에 지금도 양산의 천성산과 통도사 내원사를 자주 찾습니다.
 그 속에 젖어 있을 때 가장 행복한 제 자신으로 돌

아가는 시간입니다.

  한 줄의 글귀가 내 가슴에 뿌리 깊게 와 닿듯이 저의 글 한 편이 누군가의 심장을 흔들고 감동을 일으킨다면, 시인으로서 더 바랄 것이 없습니다.

  그동안 말없이 든든하게 지원해 준 제 남편과 아들 둘에게 진심으로 고개 숙여 감사합니다.

  그리고 늘 응원을 아끼지 않은 제 지인들과 이 기쁨을 함께 하고 싶습니다.

2015년 10월
남경희

남경희 시집

수레국화
차 례

□ 서문 | 최광호
□ 시인의 말

제1부 길 위의 여자

남해 가는 길 ─── 17
새들처럼 ─── 18
물병 속 푸른 고기 ─── 19
길 위의 여자 ─── 20
마른 식탁 ─── 21
서치라이트 ─── 22
해무 ─── 23
풍경 ─── 24
임랑 바다 그곳에는 ─── 25
석간송 ─── 27
창가의 여자 ─── 29
시인과 숲 ─── 30
사랑별곡 ─── 31
그리운 바다 ─── 32
비룽 ─── 34

수레국화 남경희 시집

제2부 오월에 피는 행복

37 ──── 향기
38 ──── 매화꽃으로 오는 봄
39 ──── 목련꽃처럼
40 ──── 배꽃 필 무렵
42 ──── 오월에 피는 감꽃
43 ──── 화왕 모란꽃
44 ──── 오월에 피는 행복
45 ──── 오동나무 꽃 피던 날
46 ──── 능소화
48 ──── 밤꽃 피는 유월
49 ──── 해바라기
50 ──── 배롱나무 꽃
51 ──── 수련
52 ──── 상사화
53 ──── 수레국화
54 ──── 홍차와 마주한 아침
56 ──── 배꽃 남자
57 ──── 배롱나무

제3부 내가 바라는 세상

꿈꾸는 고양이 —— 61
가야산 만물상 —— 63
만남 —— 64
내가 바라는 세상 —— 65
내가 바다로 가는 이유 —— 66
만선의 꿈 —— 68
숭어의 꿈 —— 70
시를 사랑하라·1 —— 71
시를 사랑하라·2 —— 72
바람의 딸 —— 73
내 마음의 풍경 —— 74
가을에서 —— 75
외로움이 자유다 —— 76
인생 —— 77
무당벌레의 삶 —— 78
바다는 언제나 푸르다 —— 79

수레국화　　　　　　　　　　남경희 시집

제4부 잠 못 드는 밤

83 ──── 바다의 아침
84 ──── 대숲에서
85 ──── 새벽달
86 ──── 나에게 쓰는 편지
88 ──── 검은 연필
90 ──── 갈숲에 앉아
91 ──── 잠 못 드는 밤
92 ──── 주말에는
93 ──── 흐린 날
94 ──── 하얀 나비
95 ──── 이별은 아픔이다
96 ──── 가을밤
97 ──── 잃어버린 나
98 ──── 마로니에 카페
99 ──── 겨울 입구

남경희 시집 **수레국화**

제5부 보내지 못한 편지

골목길 연가 ——103
너를 생각하면 ——104
어쩌면 ——105
보내지 못한 편지 ——106
당신을 만나 ——107
편지 ——108
나 그대를 위해 ——110
나는 가끔 후회하지 ——112
그대를 사랑하고 ——113
나는 괜찮아 ——114
화양연화 ——116
당신 없이는 ——117
가을을 건너는 소리 ——118
해운대의 사랑 ——119
창밖의 비 ——121
흔적 ——122
나 꽃 진 자리에 ——123

제1부 길 위의 여자

걷고 또 걷고 또 걷고
고개 숙인 여자의 오열이 터지는 한낮
땀에 젖어 오는 몸을 씻어
오래 묵은 분노와 더러움을
　　　버릴 수 있다면
나는 길 없는 길 위에도 걷고 싶어라.

남해 가는 길

비룡을 짊어진 어머니
오늘은 내려놓으라 해도
또 짊어지고 계신다
굽은 허리가 펴지지 않는
그 속에는 비밀스러운 꿈이 있는 듯
내려 두지 못하고 있다

새우처럼 잠이 든 사이
어머니의 꿈속으로 들어가 본다
살며시 열어 본 어머니의 꿈은
오롯이 자식 걱정과 사랑뿐이다
나는 어디로 보내고
자식만 가득 채우고 사는지

그래서 우리는 어머니를 찾아
유자향 깊은 남해로
남해 바다로 가는가 보다
그 바다의 푸르름이
어머니의 눈빛으로 빛나고
어머니의 사랑으로 햇살은 더 뜨겁다.

새들처럼

새들도 가끔은
홀로 앉아 고독을 삼킨다
암울한 과거와 미래를 걱정하며
높은 하늘에서도
길을 찾지 못한 듯
울음소리가 바다의 배를 가른다

아,
새들도 저들의 영토에서
씨를 뿌리고 사는지
곳곳에 푸른 숲이 우거진다
긴 밤 잠 못 든 영혼도
이 밤의 새처럼 날개를 펴고
아름다운 그곳으로 찾아든다.

물병 속 푸른 고기

병이 도진다
피부로 느낄 수 없는 각질들
오랫동안 써 버린 퇴화된 나의 살들도
뒤척이는 행동에도 그저 출렁일 뿐
움직임이 느릿느릿한 걸음이다

보수적인 나의 생각은 늘 머릿속에 있다
장애로 절룩임이 요동치는 벽
몸의 수천 가지 세포는 돌아가지 않고
수척하게 지쳐 가는 등 굽은 하루

자유를 외치며 창살을 부순다
틀 속에 갇혀 버린 나의 의지의 순간들을
금자라의 걸음으로 아기장 아기장 행보를 시작한다
그래 병든 병을 던져 버리고
세상 밖의 자유를 찾아가는 시작은 지금이다.

길 위의 여자

길만 보고 걷는다
땅만 보고 걷는 내내
풀벌레의 울음소리 들리고
한숨도 내뱉지 못한 내게
갈대의 서걱이는 곡소리 들려온다

고개를 들고 하늘을 보며
바람에게 얼굴을 내어 주고
한 뼘의 행복이란 것을 느껴야 할까
깊은 땅속에 스며들 것 같은
나의 죄가 스멀스멀 기어가는 길 위에
발자국을 남기는 오류를 범해야 하는 것일까

걷고 또 걷고 또 걷고
고개 숙인 여자의 오열이 터지는 한낮
땀에 젖어 오는 몸을 씻어
오래 묵은 분노와 더러움을
버릴 수 있다면
나는 길 없는 길 위에도 걷고 싶어라.

마른 식탁

마른 식탁에 떨어지는 눈
앞을 보아도 마른 의자만 앉았다
수없이 돌아가던 인생의 필름이
오늘은 멎은 듯 조용하다

감성의 휘둘림일까
슬픈 노래의 응징일까
가슴 곳곳에 스며드는 아림이
고통이라고 했던가

채워도 비워지고
사랑해도 이별하는
흑백 사진들 속에
흐릿한 기억을 떠올리며

마주할 식탁 앞에
지나간 시간의 아쉬움도
고이고이 아름다움으로 기억하리.

서치라이트

희망 하나 찾아
길을 나서야 한다
그곳으로 길을 나서야 한다
두려움은 나를 파괴하는 골동품
두들기고 쪼개고 망가뜨려야 하는
오래된 나와의 싸움이다
인생의 긴 어둠 속에서
두려움과 맞서 서치라이트를 켠다
범 울음소리에도 독수리의 두 눈에도
절대적 용기로 나를 옹호한다
인생길은 그런 것이다
가장 절망적일 때 가장 희망적이다.

해무

새벽이 오는 길에 선 여인이 있다
하얀 실루엣에 살빛이 비치고
오묘한 사랑의 선율이 흐른다
낯선 이의 시야를 뜨겁게 달구는 여인
해풍에 무너지는 욕정의 바다
칠흑 같던 해운대의 푸르름이
거센 용오름이 되어 솟구칠 때
여인은 옷을 벗는다
붉어 오는 태양에 타버린
여인의 순정이 한 송이 꽃이 되고
해운대 너른 바다에서
너울대는 여인의 실루엣에
모든 이의 시력을 뺏는다.

풍경

처마 끝
풍경이 울어
나도 따라 울었다

바람이
때린 상처가
풍경으로 울릴 때

내 가슴도
아픈 자국이 깊어
풍경처럼 울었다.

임랑 바다 그곳에는

기억하나요
함께 손잡고 웃던 그때를
시간이 지나면 추억이라지만
제게는 기억입니다
꼭 잊지 말아야 할 기억입니다

임랑 바다에서 웃고 토라지고
부서지는 파도 소리에 더 그리워지는 사람
솜구름 위에 사랑 얹어 두며
우리의 영원함을 기도하고
기차의 울음소리와 함께 철커덩철커덩
긴 여운을 안겨 주며 그대는 떠나야 했죠

임랑 바다 그곳에서
홀로 바라보는 망망대해에는
바람 한번 휘젓고 가면
저 어디선가 전해 주는 낙엽 소식지에
두 손과 두 눈을 멈추면
그날 그곳에서의 기억들이 오롯이 떠오릅니다
서로 위무하며 함께 한 기억이 또렷해집니다

나를 떠난 황금빛 저 해가
수평선 넘어가면
그 사람 있는 곳에는 또 붉게 오르고
그리움을 싣고 선 어선들의 행렬에서
그대도 한번은 나를 생각하겠지요.

석간송

얼마만큼 사랑할까
처음부터 마음을 빼앗아
마른 젖을 물리고
동냥 젖도 물리지 못하는
바위 틈에서
사랑을 피워 내는 석간송 한 그루

하늘의 눈물로
젖줄을 대신하고
떠오른 태양 빛으로
어미의 얼굴 대신하고
지나는 바람의 손길에 상처 지우는
석간송 한 그루

삼년 고초 다 견디며
버티고 선 자리가
내가 죽어 묻힐 자리여도
바위의 사랑을 저버리지 못해
한 발도 배신하지 않는다

우뚝 솟은 석간송으로
낙뢰를 맞아
몸뚱이 찢어져도
바위틈의 사랑은 잊지 않으리.

창가의 여자

여자가 뛰어온다
우산을 든 손의 떨림이 파리하다
두 어깨가 흔들리는 슬픔을 안은 여자
커다란 창가에 작은 점 하나로 앉은 여자

허리를 감싸듯 움츠린 여자는
깊은 밤 가로등 아래 홀로 선 그림자
골목길 어수선한 비린내를 가르며
빛 바랜 그날로 여행을 떠난다

사연 많은 사람들이 목 놓아 울던 골목길
잔잔한 파도로 물길을 열고
수많은 인연들의 짠내 나는 언어들이
뭉글고 뭉글어 거친 벽돌에
깊은 낙서로 남아 있다

창가에 앉은 여자가 웃는다
가끔은 슬퍼야 한다면서
가끔은 아파야 한다면서
가끔은 혼자여야 한다면서
우산을 든 여자를 바라본다.

시인과 숲

모든 것이 피어나고 솟아나고
하늘을 향하는 계절이다

숲에는 그들의 잔치가 요란하고
시인들의 봄에도
푸른빛의 샘 하나 맑아 온다

지금은 오월
숲은 더 진한 초록과 향기를 뿜어내고
시인은 더 푸르게 젖어 깊이를 드러낸다

더불어 살아가는 숲과 시인.

사랑별곡

꽃이 너로 보이고
별이 가슴으로 스며 오는 그런 사랑,
이제는 하지 않으리

낮과 밤으로 내 가슴을 유영하며
행복한 불씨를 지펴 주던 그대를
이제는 사랑하지 않으리

인고의 시간을 버팅겨
피워냈던 꽃이 시르죽어
숲이 울고 바람이 돌아앉았다

사랑이 그토록 아픈 일이라면
이제는 비워야지, 채우지 말아야지

빈 가슴 하나로 남아
바람의 흔적도 잊은 채
슬픈 사연의 사랑도
이제는 잊어야지 지워야지.

그리운 바다

바다를 보며 파도를 알게 되고
그 위에 나는 갈매기 한 마리가
외롭다는 걸 알게 된다
그리고, 내가 그렇다는 걸 알게 된다

얇은 모래 위에 두 눈을 멈추면
가슴 곳곳에 스며든 그리움을 꺼내 들고
사연 많은 연서를 바람에게 보낸다

가장 애절한 손짓으로
가장 슬픈 눈동자로
그 사랑을 소원하며
바다에게 띄우는 그리움의 연서

파도에 부서지고 부서져도
또 한 움큼 자라는 아픔의 소용돌이가
하얀 소금 꽃으로 피어
하얀 사랑으로 피어
뜨거운 바다 그곳에

칠월의 보석처럼
알알이 박혀 있으리
그날의 그 사랑이.

비룽

어머니는 비룽을 지고 계신다
하늘이 높아도 펴지 못하는 허리를
굽이굽이 다랭이 마을 주인처럼
비룽을 짊어지고 계신다

구부렁 구부렁 논을 업고 있어서
어머니가 자식을 업고 있어서
우리는 토닥토닥 두드리며
굽어진 어머니의 허리를 펴 본다

어머니의 고된 삶의 눈물이
논에 물길이 되어 흐르고
알곡이 찬 들판의 곡식은
어머니의 눈동자처럼 깨끗하다

가랑잎이 추풍에 떨어지면
어머니는 한 송이 들국화로 남는다
향기도 뿜어내지 못한 모습으로
무겁게 지고 다니던 비룽을 내리며.

제2부 오월에 피는 행복

나무는 봄비를 맞아 숲이 맑고
거리엔 꽃들의 뽐냄으로
사람의 가슴이 기쁨인 오월
우리의 오월에 행복이 피는 달

향기

물오름 달 붉은 매화는
돌담 위로 수줍게 고개를 내밀고
행인들의 손길과 눈길을 갈급하며
더 짙게 뿜어내는 향기는
바람이 데려온 봄의 고향이다

내 마음에도 고향이 있다

매화꽃처럼 짙은 향수
해 질 녘 집집마다 밥 짓는 냄새가 정겹고
냉이, 달래로 끓인 고향의 맛이 깊어지고
집으로 돌아온 아버지의 땀 냄새도
흐뭇하게 느껴질 때,
우리는 함께 사는 사람 향기를 맡는다.

매화꽃으로 오는 봄

겨울이 보낸 봄이
통도사 자장매로 만개하는 고운 자태
움트는 모습 하나 하나에 새 희망을 달고
진분홍, 고운 빛으로 설레게 하는
겨울이 보낸 나의 봄

속진에 물들지 않은 순수함으로
보살님들 낯처럼 깨끗한 모습
달처럼 크고, 별처럼 빛나는
우주 만유존재의 꽃

회향의 공덕 쌓아
통도사 경내에 퍼져 가는 향기는
날마다 보시하는 내 마음과 같이
매화는 봄처럼 오는 꽃.

목련꽃처럼

한순간 피워 내기 위해
겨울, 그 추위를 보드라운 살결로
견디고 버팅겨 내더니
누구 집 마당에 허드러지게 피워 내는
너의 그 마음이 갸륵하고 넉넉하여
고개를 숙인 채 묵념을 한다

못다 한 청춘으로
툭하고 떨어져 버린 동백은
내 가슴을 아리게 하더니,
너의 그 큰 꽃잎은 바람에 날려
천상의 얼굴로 설레게 한다

보라!
저 희고도 고운 자태에 세상이 담겼고
역사로 기록된 우리의 상념과 삶이
목련꽃 한 송이로 피워 낸
그들의 흩날림에 우리는 박수를 쳐야 한다
순백한 그 향기에 젖어야 한다.

배꽃 필 무렵

흰 배꽃 웃던 날
수줍던 소녀는
청보리밭으로 뛰어 숨는다
바람 불어오는 들녘에
열아홉 청춘을 뿌리고
흰 배꽃이 달처럼 밝을 때
봄에 피는 꽃들은 시르죽는 일

이랑마다 골이 깊어지면
아버지는 배밭에 거름을 뿌렸다
딸 여섯 아들 하나 꽃 피워 내는
아버지의 눈동자는
깜깜한 밤하늘 큰 별처럼 빛나고

얇은 가지마다
물관에 봄물 도는
흰 꽃들의 찬란한 자맥질로
다복다복 영글어 가는
달큰하고 시큰한 아버지의 삶이 향내를 낸다

배꽃 필 무렵
비라도 내리면 나는,
질퍽질퍽한 배밭의 땅을 밟으리라
아버지의 미소를 떠올리며
질풍노도의 땀방울로 맺힌
배꽃을 만져 보리라.

오월에 피는 감꽃

어느 집 여식의 꿈이
알알이 보석처럼
감꽃으로 피어올랐다

낮달의 창백한 얼굴보다 더 하이얀
새색시의 수줍은 첫 밤처럼
붉은 열매 하나 맺어 보려는 감꽃

바람에 그 꽃 하나 떨어지면
무당벌레의 작은 품으로
큰 하늘을 가져 보겠다는 몸짓인 듯
펄렁이는 나뭇잎에 매달아 둔 곡조

해 질 녘 가을처럼
화알짝 얼굴을 내밀며
뜨겁게 익은 홍시 하나 만드는 꿈

괴사리 마을에 굳게 선
고목의 그 애틋한 희생이
꿈을 위한 물관을 틔워 주고
홍시는 달큰하고 시큰한 맛의 감꽃으로 핀다.

화왕 모란꽃

가슴 가득히 스며 들어와
연분홍 꽃잎으로 물든 모란이 되어
그대 찻잔에 띄우고 싶습니다
눈에 넣을 수 없는 꽃
향기를 담지 못한 꽃
그리움만 큰 꽃잎에 담겨
영혼으로 피어오른 모란꽃
아프지 않은 생의 척도에서
희망의 세레나데를 부르는 꽃

어젯밤 큰 꽃을 피웠지만
꽃샘바람이 당신을 태울까
가슴 조이며 밤잠도 누이지 못하고
꼬박 지새운 날도 여러 날
사월에 핀 당신 사랑에
흐르는 눈물이 뚝 뚝 뚝
가슴 벅차오르는 사랑이
자꾸만 떠올라
밤잠을 뒤척입니다.

오월에 피는 행복

나무는 봄비를 맞아 숲이 맑고
거리엔 꽃들의 뽐냄으로
사람의 가슴이 기쁨인 오월
우리의 오월에 행복이 피는 달

꽃들의 아름다운 유혹에
허리 굽혀 가까이 눈을 맞추고
손을 내밀고 입술을 내줘야 하는 계절
오월은 그렇게 만물이 사랑하는 달

푸르른 보리들이 춤을 추는 곳
하늘은 에메랄드 보석이 되어
그 빛에 젖고 피어나는 땅
오월에는 더 많이 행복한 달.

오동나무 꽃 피던 날

　그늘이 있는 천국에 기대어 앉아 보렴
　연보라 꽃을 보며 하늘 아래서 흐뭇한 미소를 지으며
　나는 그와 오래된 이야기를 한다
　큰 꽃으로 피어 마음도 넉넉한 이야기들
　그늘에 앉아 지난 일들이 달콤하게 피었다
　시집가는 딸에게 가구를 만들어 준다던 오동나무
　나에게도 가구를 주고 싶은 딸이 있었다고 말했다
　오동잎이 펄럭이면 딸의 소식이 올까 기다렸고
　비 내리고, 꽃 지고, 겨울이 하얗게 오면
　하늘에 드리워진 구름에게 오동나무 꽃다발을 던져 주었다
　기억 속의 그 딸에게 엄마가 만든
　윤기나고 단단한 선물을 저 하늘에 보낸다고
　오동나무 꽃 피는 날 바람편으로 부쳐 본다.

능소화

사그락사그락
얇은 이파리 화알짝 열고
발자국 소리에 귀를 열고
말없이 흐르는 어린 별의 눈물인가

능소화야
이파리 사이로
너의 볼 붉음이
이 가슴에 들어와
꽃 하나 피워 두고
널 보고 또 보게 한다

어젯밤 잃어버린 별의 눈물이
가슴 곳곳에 물들여져
육신의 생명을 살게 하고
고요히 잠든 메마른 영혼은
너로 인해 깨어난다

능소화야
나는 오늘 너를 보아

깊이 고개 숙여 위로한다
그리움이 터져 온몸이 붉어 가는
네 앞에서 나도 그만 함께 울음 운다

또 오는 밤
긴 별 하나 떨어지면
널 위한 나의 눈물을 기억해 다오.

밤꽃 피는 유월

한낮의 더위가
사람들의 땀을 만들어 낼 때
먼 산에는 하얀 밤꽃들이
서로를 위무하며 온전한 사랑을
열병이 나도록 만들어 낸다

유월의 밤꽃이
하얗게 피어난다

남자의 유혹은 무죄
산마다 그들의 향기는
여자의 가슴을 설레게 하고
여민 가슴을 내어 놓게 하고
밤하늘 아래 몽롱히 빠져드는
곱고 고운 순결의 첫날

연분홍 빛이 밤꽃에 스며들면
유월은 모든 이의 가슴을
흥분으로 터지게 하는
야릇한 유혹의 향기다.

해바라기

흐린 날의 먹구름은 언제 그칠 기약이 없다

해맑게 웃던 키 큰 해바라기 꽃송이
그 얼굴에 태양이 져 버린 지 오래다

돌담 구절초에 엉킨 것처럼
헤어나지 못한 질곡의 이야기들
무심한 시간의 하수들에 얽히고설켜
하늘 아래 구겨져 앉아 울 수밖에 없는 사람

한 줌의 모래알로 빛나던 그날도 있었건만
구겨진 허리는 여여이 펴지지 않아
한 많던 강물 따라 세월처럼 흘러간다

그래 그래, 노송처럼 늙어 가는 것도 좋으련만
 이제는 굽어 버린 나의 반생이 허물어지는 것이
아니라
 해바라기처럼 태양을 바라보는 일
 까맣게 타버린 그 속에 씨앗은 또 자라는 일이다.

배롱나무 꽃

배롱나무 한 그루
웃고 서 있는 마당에 앉아
바람의 살결로
스쳐 가는 부드러움이
찻잔에 향기로 가득하다

비파의 가녀린 흔들림이
완자창을 살며시 두드리면
잊었던 인연들의 이야기가
스며 오는 나직한 오후

우리들이 잊고 지내는
사람들의 할 말들이
찻잔에 비춰진 달처럼
맑은 영혼으로 머무는 곳

배롱나무와
분홍 꽃의 연정으로
자라고 피어나는 인연이라는 물관
땅과 나무의 뿌리를 지키는
연하고 숭고한 배롱나무 꽃.

수련

햇살이 깊은 마당 넓은 집에
고양이 느린 걸음이 오고 가고
여러 빛의 꽃들이 피고 지고
동쪽에 섰던 해가 서쪽으로 넘어가고

고요히 치어든 수련 한 송이
내 누이의 볼 붉음처럼
피지 못한 가슴처럼
봉긋이 오른 꽃 수련아

긴 겨울의 얼음 살을 이겨 내고
봄의 간지러움도 견뎌 내고
녹음의 무성함에도 변함없이
자줏빛 수련을 피웠구나

진흙 속에서도 헤매지 않고
하늘 향해 솟은 널 보며
흔들리는 듯 떨려 오는 설레임에
연잎 징검다리 건너
너를 마중 나선다.

상사화

내원사 돌담 아래
가을볕을 쬐며
너는 그곳에 섰구나

네 곁을 지키지 못한
지난 날 너를 보고
한 목숨 주었다

시간이 흐르고 흘러
하늘에 먹구름 걸리던 날
네 꽃잎 떨어지는 소리에

풍경 끝에 걸린 사랑이
통곡으로 울려 퍼진다.

수레국화

어디서 보았던 얼굴인지
나를 보고 아는 척한다
나의 눈동자에 교차하는 얼굴 하나

새파랗게 질린 그 입술
파리하게 온몸을 떨고
귀리죽 한번 먹지 못한
건조한 살빛으로 웅크린 너

문밖은 이미 저세상의 것
하늘을 아무리 쳐다봐도
고독한 그 언덕에 핀
너는 수레국화

갈맷빛으로 물들여진 하심下心
더불어 깨닫는 날들
어제의 모습과 다가올 날을
고귀한 자태로 행복을 꿈꾸는
수레국화 한 송이.

홍차와 마주한 아침

페퍼민트를 좋아하지만
비가 갠 수요일의 아침은
홍차의 붉은 맛을 보고 싶다

입 안으로 스며 오는
아침의 여유와 혀끝에 다가오는
쌉싸름함과 달콤한 홍차는
어쩌면 너를 닮았다

네가 다가왔을 때
너의 향기가 연꽃처럼 피었고
나무처럼 천국의 그늘이 되었고
바람처럼 스쳐 가는 아픈 사랑이 되었다

아침의 홍차 한 잔
너를 기다리는 나와 같이
홍차도 붉게 우려지는 것이고
그리움이 짙기 때문에
네가 곁에 있는 듯 빠져드는 것이다

홍차와 마주한 행복한 아침
우려지면 더 깊은 향기의 매력
너와 내가 살아온 시간의 깊이처럼
우려낼수록 뜨거운 우리의 사랑.

배꽃 남자

첫눈 오던 날
배꽃 한 송이
봄으로 다가와 가슴을 두드린다

하얗게 배시시 웃는 배꽃 하나
유월에 떠나신 배꽃 같은 남자
이 밤 머릿속을 다니며 웃고 있다
배꽃 보러 오라고

첫눈처럼
하얀 배꽃이 그리운 겨울 밤.

배롱나무

먼 바다를 바라보는
배롱나무 한 그루
바닷바람 일렁일 때마다
가슴이 울컥해져
서럽게 흐느낀다

눈물겨운 기다림이
진동한동 지나간 세월 속에
놓지 못한 사연들의 깊은 흔적이
검은 파도를 타고 섬으로 섬으로 넘쳐 간다

파도는 오고 가는데
먼 곳 가신 임 기다리다
못다 핀 배롱나무 꽃
붉다 못해 터져 버린 꽃물이
서쪽 하늘로 번져 간다.

제3부 내가 바라는 세상

물빛이
맑게 흐르는 개울에 앉아
작은 발 담그고
쉬어 가는 구름 한 점 따다
배고픈 영혼을 달래고
꿀처럼 달콤한 꽃잎을 물어
향기가 가득한 시인이고 싶다

꿈꾸는 고양이

새벽의 갈맷빛에
스러져 가는 별들의
창백한 얼굴을 봐야 했고
바람의 이야기도
긴 밤 지새우며 들어야 했다

졸음이 밀려오고
고양이 발자국 소리
얌전히 들릴 때
풀밭에 누운 내 꿈은
스멀스멀 키를 높인다

녹원은 이제
바람을 원망하지 않는다
산골의 적막함도
보듬고 쓰다듬어 보살피며
새벽 별을 잠재워야 한다

오고 가는 사람의
시린 눈빛을 신의 눈물로 지우고

청량감으로 닦아 둔 보석은
꿈을 매달고 달리는 고양이의 목에서
새벽의 어둠을 걷고 크게 울린다.

가야산 만물상

가야산 만물상에는
작은 바위가 큰 바위를 업고
그보다 큰 바위를 업으며
서로를 올려 주고 받쳐 준다

너와 내가 그랬듯이
삶의 일부에서도
고통의 뜰에서도
서로를 잡고 받쳐 주던 모습이
가야산 만물상에
역사처럼 그려져 있다

산이 산을 업고
바위가 바위를 업고
너와 내가 서로를 업고

가야산 만물상에 자리한
우리들의 삶의 질풍노도가
거친 표면으로 남은 그 자리에
푸르고 웅장한 석간송 키워 내며
부부바위처럼 그렇게 살아남으리.

만남

사람과 사람이 손을 잡으면
따뜻해집니다
사람과 사람이 마주 앉으면
웃음이 핍니다
사람과 사람이 그리워하면
만남이 행복해집니다

잡았던 손에서 전율이 흐르고
주고받던 눈빛에서 사랑이 흐르고
포옹한 두 팔은 서로를 인정합니다
사람이 사람을 만나
이해하고 공감하고 존중한다면
더 아름다운 인연이 되겠지요

오랜 만남의 시간보다
잠시 만나도 깊은 내면의 우정이 있다면
또한 얼마나 감동입니까
그런 만남이 이루어지는 일은
소중한 운명입니다.

내가 바라는 세상

물빛이
맑게 흐르는 개울에 앉아
작은 발 담그고
쉬어 가는 구름 한 점 따다
배고픈 영혼을 달래고
꿀처럼 달콤한 꽃잎을 물어
향기가 가득한 시인이고 싶다

빛 고운
에메랄드 하늘 그곳에 서서
그리운 사람들의 얼굴도 그려 보고
추억이 된 인연들의 이름도 적어 보고
내가 사랑하는 시인의
시를 읽으며 울기도 하고 싶다

나는 그런 세상에서 살고 싶다.

내가 바다로 가는 이유

넓이를 알 수 없는 바다와
깊이를 알 수 없는 바다는
그를 닮았다

나에게 주고 또 주는 사랑을
더 주지 못해 아쉬워하고
수평선 너머 그곳에서
나를 그리워한다

하늘의 새들이 날아
내 마음을 그에게 전한다면
그는 안도의 숨을 쉬며
오랫동안 하지 못한 포옹을
밤새워 할 것이다

말없이 꽃을 피워
기다려 온 내게
고맙다는 말들이
큰 파도에 실려
넘실넘실 돌아올 것이다

해국이 피어난 바닷가
꽃들의 향기를 큰 배에 실어
그대 곁에 달려가고 싶다
봄을 적신 나를 보내고 싶다.

만선의 꿈

하늘에 태양이 뜨면
당신은 우리를 떠나야 합니다
사랑하는 가족이기에 또 안녕을 기원하며
떨어지지 않는 걸음으로 배웅을 합니다

태양이 붉게 수평선으로 얼굴을 보이면
이별의 아픔 때문에 내 가슴에도
큰 불바다가 일렁입니다

반년을 헤어지고 반년을 살아내는
우리는 견우직녀인가요
밤하늘의 별들이 다리를 놓아 준다면
당신을 찾아 수평선을 매일 건너고 싶어요

당신의 빈자리를 채우고 싶어
나는 임랑 바다에 갑니다
그곳에 당신과의 소중한 추억들이
일곱 빛깔 보석이 되어 빛나면

만선이 되어 돌아올 당신을 생각하며

간절한 기도를 합니다
몇백 년의 희망을 낚을 수 있는
멋진 당신을 위해 나도 따라 항해를 합니다.

숭어의 꿈

하늘에서 내려온 곡수의 여정
너른 바다로 달려가는 미지의 꿈으로
기수역을 지나는 푸른 물빛의 반짝임
갈망하던 세상의 품으로 흘러간다

녹슨 나의 가슴 하나
묵은 먼지 한 올 한 올 털어내고
별빛에 빛나는 숭어 한 마리
하늘을 향해 날아오른다

기수역 그 물결에
거룩했던 인고의 생 하나
바다로 가지 못한 꿈 많은 사연들
깊은 어둠에 젖어들어 반짝인다

진동한동 지나온 세월
사활을 걸고 바다로 항해하는
숨 가쁜 비상의 날갯짓
그 은백색 꿈.

시를 사랑하라 · 1

고요히 앉아 명상을 해보라
눈을 감으면 심장 뛰는 소리 들릴 것이다
저 깊은 곳 내가 태어나기 전
어머니의 탯줄로 타고 오는 저 소리
그때부터 우리는 시를 사랑하였다

먼 바다의 소라 울림처럼
계곡의 웅장한 곡수처럼
겨울의 희고 흰 눈꽃처럼
심장을 때리는 짧은 글의 힘

시를 사랑해야 한다
고향의 해 질 녘 피어오르는 연기처럼
향긋하고 포근해지는 그런 시향에 젖어야 한다
따뜻한 가슴을 가져야 한다
한번은 시처럼 살아 행복해야 한다.

시를 사랑하라 · 2

깊은 가슴에 풍경을 달고
시를 사랑하는 사람이 되자

어두운 얼굴에 함소를 달고
처진 어깨에 용기를 불어넣어
식어 가는 심장에 불을 지피자

시를 사랑하는 사람에겐
향기가 있다
시를 사랑하는 사람에겐
친구가 있다
시를 사랑하는 사람에겐
미래가 있다

우리는 시를 사랑하여
꽃이 되고, 향기가 되어야 한다
사람과 사람이 꽃이 되는 날
세상은 맑은 풍경 소리 들릴 것이다.

바람의 딸

바람과 같이 한몸이 되고 싶었다
어디든 떠다니다 내가 있어야 할 곳에
돌아갈 수 있는 바람이고 싶었다

푸른 바다의 연인이고 싶었다
젖어도 품어도 또 애절하게
그리워할 수 있는 바다
그런 바다를 한몸에 안고 싶었다

구름이고 싶었다
하염없이 흘러도 또다시 돌아와
변함없이 청순하고
깨끗한 구름이고 싶었다.

내 마음의 풍경

바람의 미세한 울림이
형형색색의 단풍을 떨굴 때
내 마음에도 아름다운 색의 빛이
따뜻하게 울린다

때로는 뜨겁고
때로는 냉정하던 마음이
평화롭고 자비로운 공간이 되어
천사들의 쉼터가 된다

내 마음의 풍경
미세한 그 울림이 있어
이 가을날 추억을 만들고
행복을 만들어 울린다.

가을에서

그대가
나를 위해 손짓해 주네
낮달처럼 하이얀 얼굴 내밀고
붉어지는 두 볼을 살며시 감추며
그대 곁에 기대면

반듯한 모습의 한 그루
나무가 되어 준 사람
반은 나를 업고 반은 안은 듯
늘 그 자리에 그 모습인 그대

가을에 노송이 된 사람
그 곁에 핀 어린 국화가 된 여인
우리는 하나의 동체가 되어
가을 단풍 혈서를 쓴다

황금물결 갈대의 움직임도
길가에 피어난 코스모스도
내년의 사랑을 꿈꾸기 위해
가을바람에 흔들린다.

외로움이 자유다

달팽이 집 하나 매고 꺼이꺼이 넘어간다
혼자만의 외롭고 긴 인생의 여정
집의 무게는 태초부터 내 몫이요
외로움 또한 내 인생의 일부

빈 식탁에 혼자 앉은 외로움
쓸쓸한 거리를 헤매는 외로움
은빛 달과 밤새워 이야기하는 외로움
그 외로움조차 자유라고 말하고 싶다

등짐 진 달팽이의 빈집을 네가 보았나
눈물에 젖어 끈적한 몸으로 끌고 가는
울고 넘는 하루하루를 보았나

집마저 버려야 더 자유로울 수 있다며
맨몸 하나 웅크린 나를 너희는 욕하지 마라
무소유에서 누리는 나는
지금이 자유인이다.

인생

하늘에
별 보이는 나이가
칠십이라는데
내가 꽃 보던 나이는
몇이었던가

작은 치마를 접어 앉아
채송화, 분꽃을 닮아 가고
풀꽃과 소담하던
어린 소녀의 눈빛을
이제야 찾았다

나이 칠십에 느낀다는 것과
꽃을 볼 때 하늘의 별이 되는 것을
나는 이제야 그 눈을 가져
온 세상에 꽃물을 들인다.

무당벌레의 삶

작고 작은 무당벌레야

네 몸이 작다고
네 마음이 작더냐
네 몸이 작다고
네 힘이 작더냐
네 몸이 작다고
네 세상이 작더냐

네 작은 몸으로
누구보다 큰 하늘을 가질 수 있는
행복을 누려라.

바다는 언제나 푸르다

포효하는 바다여
그 깊은 곳 나를 데려가 다오
푸른 물결에 나를 던져
백로처럼 곱고 하얗다면
푸른 바다여 나를 삼켜라
그리고 씻겨라

푸른 바다여
태양을 삼켜 뜨겁도록 끓는 용광로에
나를 데려가 다오
식어 가는 삶의 부표 하나 던져 두고
헛손질로 세월을 낚는 어리석은 나를
뜨겁도록 열정으로 태워 다오

삼키고 또 삼키는
나의 푸른 바다여
품어도 품었다고 하지 못한 너의 하혈에
이토록 간절히 너를 맞이하고 싶다
깊고도 뜨거운 푸른 바다여.

제4부 잠 못 드는 밤

푸르스름히 비치는 세상이
완자창으로 스며 오는 새벽
누구의 발자국 소리인가

새들은 목청을 숨기고
봄의 전령사 깊이 잠든 밤
나에게 오지 않는 낯선 밤이여!

바다의 아침

숙명의 밤이 고요히 잠들면
밀려오는 파도처럼 새 날이 밝아 오고
나의 긴 밤도, 은빛 쟁반에 담긴 쓸쓸함도
뜨겁도록 달아오른 태양에 녹아든다

우렁찬 파도 소리는 씩씩함인가
돌아서 돌아서 휘감아 오는 흰 포말에
그리움을 몽땅 안고 수평선으로 사라지는
언제 또 온다는 기약도 없는 별리

깊이도 알 수 없는 시퍼런 가슴에
아침을 맡기며 또 시작되는 하루
날개를 펴는 새들과 함께
퍼덕이는 시늉이라도 해보는 아침
취생몽사 흘러가는 나의 그곳.

대숲에서

대숲에서
그리움을 앓다가
홀로 웅크려 앉은
가슴 검은 새가 있다
적막한 산사의 어둠을
대숲에 끌어 놓고
사그락 소리에 울음 우는
가슴 검은 새의
그리움이
대숲에서 앓고 있다.

새벽달

잠든 세상 살펴 주고
이제야 제 잠 자러 간다
남들 잘 때 저는 피곤도 모르고
새벽 가는 길 밝혀 주고
이제야 곤한 하품하며
아침 해에 떠밀려 침실로 향한다

달아 고마워라
새벽기도 가는 임 앞길 밝혀 주고
새벽 일 가는 내 아버지 살펴 주고
너로 인해 무사히 돌아오는구나
남들 잘 때 못 자고 남들 쉴 때 못 쉬는 너

아버지처럼 크고 투명한 달
새벽달 보고 출근하고 저녁달 보고 퇴근하던
아버지도 언제나 그렇게 사셨다
달아 고마워라.

나에게 쓰는 편지

다락방 한켠에서
비와 바람과 얘기하던 내게
뚫린 지붕 사이로 햇살이 감사했던 날들
태양을 기다리는 해바라기처럼
긴 목을 세우고 서서
홀로 지샌 나의 청춘의 울음이
밤별이 되어 빛나기도 하고 우울하기도 하다

오륙도 섬마다 돌아서는 연락선에는
내 과거의 추억과 사랑이 가득히 쌓이고
뿌우뿌 울리는 뱃고동 소리에
들뜬 심장은 새벽처럼 깨끗했다

긴 골목길 안 사람들의
따각거리는 구둣발 소리는 가난한 한숨
언제나 짓밟히던 고독한 시인의 가슴엔
핏덩이 뭉친 한이 독수리 산 아래 섬이 되었다

너는 언제나 돌아앉아 울었지
고독한 다락방 한켠에 몸을 누이고

썩은 냄새 나는 사람들의 영혼에
슬퍼하기도 하고 손쓰지 못해
애석하게 웃고만 있었지

이제는 너에게 편지를 쓴다
사랑받지 못한 영혼에 대한
가난한 삶을 위로하는 글을 쓴다
너는 사랑스러웠다고.

검은 연필

까맣고 검은 연필이
나를 지켜주는 자리다
손때를 묻히고
가끔은 눈물을 묻히고
깜깜해지는 어둠에서도
까만 눈동자에 빛이 나는
검은 연필의 순정이다

혼자 있는 자리에 나란히 서서
때로는 글을 써주고
때로는 그림을 그려 주고
때로는 삶을 바로 잡아 준다

하얀 백지 위에 채워진
너의 지나간 흔적들이
혈수가 되어
심장에서 손끝으로
써 내려간 나의 고독과 아픔이여

지난 시간이

송두리째 앗아간 행복
검은 연필로 되돌린다
지우고 또 적을 수 있는
너의 마법으로 다시 그려 본다.

갈숲에 앉아

별들이 하나 둘 소리 없이 울더니
그 눈물이 내 가슴 곳곳에
알알이 박히며 괴롭힌다

사랑이라는 그 이름이
손을 내밀면 늘 곁에 있는 듯했고
숨소리 들리는 곳에
심장이 뛰는 줄 알았는데
빈손만 허우적거리고
눈 먼 봉사처럼 앞도 보이지 않는다

사랑이라는 그 이름이
진한 와인 향기로 이 밤을 적신다
타는 목마름의 사랑이었던 것이
짜릿한 떨림의 사랑이 되고
야릇한 이향에 물든 사랑이 되어
두 눈과 두 손은 어느덧 너를 만진다

사랑이라는 그 이름이
밤이 깊어 갈수록 고독으로 다가와
나를 저 어느 갈숲에 앉아 울게 한다.

잠 못 드는 밤

밤은 깊어 가고
나는 잠들지 못한 칠흑의 밤
건초 더미 속에 던져진 마른 풀 같은 나의 꿈

새벽은 향기를 내며 어둠을 걷는데
군불 땐 방에는
뒤집기로 열두 번 삶이 뜨겁다

푸르스름히 비치는 세상이
완자창으로 스며 오는 새벽
누구의 발자국 소리인가

새들은 목청을 숨기고
봄의 전령사 깊이 잠든 밤
나에게 오지 않는 낯선 밤이여!

주말에는

할 일 없는 주말에는
죄 없는 침대를 괴롭히는 일
쓴 커피를 수없이 마시는 일
괜히 집 안을 오가는 일

그러다
사랑을 애타게 그리워하고
오랜 기억의 너에게 달려가는 일
미련의 언덕을 숨 가쁘게 오르는 일
갈 수 없는 시간을 넘나드는 일

주말은 내게
또
그렇게 혼자 두는 날.

흐린 날

하늘이 흐린 날
그가 슬퍼 비를 내리면
나는 우산을 들고 나가
그의 아픔을 가려 줄 것이다
흐린 날은 누구나 복통이 오고
뼛골이 아려 온다는 것이
흐린 날의 투정 속에 가득하다
이런 날은 숲에 앉아 새도 되고 싶고
지는 해의 그림자도 되고 싶다
모든 것을 감내하는 고독한 흐림.

하얀 나비

온 산에 눈이 나리면
나비처럼 날아가는 나를
잡지 않을 것이다
높이 볼수록 오래 볼수록
더 가까워지는 그곳의 비밀
하늘로 닿아야 하는 하얀 나비
독사의 혀 끝에 묻힌 사람의 덫
이제 그 말들 다 끊어 두고
일렁이듯 쫓기듯 내리는 흰 눈
한 움큼 아니 열두 마지 쌓아 놓고
애수 찬 푸른빛 하늘에 두 눈을 담고
가는 길마다 펄렁이듯 나는 춤
천상의 날개에 이화 도화 수를 놓아
하늘에서 뿌려 주고 싶다
사랑했던 나의 모든 이에게
시력을 잃는 천국을 보내고 싶다.

이별은 아픔이다

오늘도 너를 부르다 돌아섰다
등 뒤로 서늘한 바람 한 점 지나더니
너의 얼굴이 점점 다가온다
길을 가던 행인들이 모두 너인 듯
여러 가지 얼굴들이 무표정으로
나를 수없이 스쳐 간다
살며시 가던 길을 멈추고 보니
어느덧 너의 집 앞에 서성이는 그림자
너 없는 시간을 잊으라는 듯
가로등은 더욱 밝게 비춰지고
그 아래에 낙엽들의 왈츠가 시작되었다
이 밤에도 돌아서는 아픔을 씹으며 간다
이제는 찾지 않으려고 한다
어쩌면 너도 나만큼 아플 것 같아서
바람에 마지막 연서를 띄우고 돌아서 간다.

가을밤

가을 향기 나는 밤길을
그대와 걸을 수 있다면
설레는 두근거림을 어떻게 감춰야 할지
풀숲 귀뚜라미에게 물을 것이다
소곤거리는 간지러움이
밤을 걷는 사람들에게
사랑의 꿈틀거림이 느껴지도록
많은 얘기를 나눌 것이다

수영강 기수역에서
넓은 바다 같은 당신에게
잊지 못할 프렌치 키스를 하고
강아지풀들의 호응을 받고
달맞이꽃들의 노오란 불 밝혀 주는
아름다운 강 길에서
가슴 곳곳에 반짝이는
보석 하나하나 담아둘 것이다
영원히 빛나는 추억이 되도록.

잃어버린 나

내가 힘이 들 때
함께 길을 걸어 주는 사람
내 얘기를 들어주며
따뜻한 말 한마디 해주는 사람
큰 다리가 되어 준 사람
시련이 다가와도
내 편이 되어 주겠다던 사람
그 사람 오늘은 부재중이다.

마로니에 카페

겨울이 추운 건 알아
하지만 네가 나를 잊는다는 건
알레스카보다 더 추워질 것 같아
따뜻한 불씨였고 사랑이었던
너를 찾아 헤매고 있어
파랑새를 찾아 헤매고 있어

너 그리움을 찾아
오늘도 마로니에 카페에서
그때 그 사랑을 추억하면
너의 향기가 온통 가슴으로 밀려오고
나는 행복해져 웃고만 있어

겨울에 너를 찾는 건
첫눈 밟으며 웃던 너를 기억하기 때문이야
황량한 내 가슴에 너를 심어 두고
큰 나무에 꽃을 피우고 있어
자꾸만 심장에서 너란 나무가 꿈틀거려
마로니에 카페에는 꽃눈이 내려.

겨울 입구

봄에게 삼켜질 너
엄동설한 차가움에
손과 눈을 맡기고
나의 가슴도 맡겨 본다

시간이 멈춰 버린다면
하얀 겨울을 데우는 카페에 앉아
난폭한 창밖의 비, 바람과
휘몰이로 낙엽을 찢는 풍경을 안을 것이다

저 산 멀리
눈 녹아야 봄이 온다는 깊은 곳
겨울, 그 속에 멈춘 그림자
오지 않을 것에 대한 기억만 무성한
하얀 겨울이 다가온다.

제5부 보내지 못한 편지

우연히 책을 펴다가
너에게 보내려던 편지를 보았어
시절 좋던 그때의 너와 난
변함없는 사랑이 자라고
그날의 추억은 무지개로 피었다

골목길 연가

어둠의 그림자 서늘히 밀려오는 골목길
많은 영혼의 그림자들이 밀려 돌아간 자리
소리 없이 피고 지는 생명의 숨소리 들린다

피었다 피었다
져 버릴 수 없는 미련의 꽃 하나
발자국마다 매달고 온 사람들의 수다가
밤 깊어지는 들과 산으로 유영한다

햇살도 어둠에 밀려가는 골목길 그 자리
돌담 사이사이로 들려오던
우리의 소망들이 영글어 가고
다복다복하게 쌓이고 다듬어지는 길

이제는 걷자 그리고 뛰자
한 발자국 돌아선 골목길의 끝에
너르고 푸른 내 꿈이 기다릴 것이다.

너를 생각하면

가을바람에
갈대들이 손을 내밀어도
너의 손만큼
따뜻하지 않을 것 같아
잡지 않았어

뜨거워진 가을볕도
한낮 여유 부리며 다가와도
너의 가슴보다 따뜻하지 않아
그냥 지나쳤어

강 길에 홀로 앉아
바람은 차가워도
너를 생각하면
내 가슴은 불바다가 되었어
너를 생각하면 그랬어.

어쩌면

어쩌면 너도 외로웠을 것이다
맑은 아침도 혼자였을 것이고
햇살 좋은 창가에서도
혼자 커피를 마셨을 것이고
퇴근길 쓸쓸한 거리는
피카소의 유혹일 것이다

바람이 분다
고독한 너의 코트 사이로
사랑의 그림자들이 스며들고
정체불명의 감옥에 가둬 버린
말 못한 사연 많은 분신들
어쩌면 너도 외로웠을 것이다

강가에 앉아
더 깊은 강물을 만들어 내며
은빛 달보다 더 창백한 얼굴로
하늘을 향해 손을 뻗는 숭어들처럼
너와 가깝고 싶었던 거다
어쩌면 너도 외로워서 그랬던 것이다.

보내지 못한 편지

우연히 책을 펴다가
너에게 보내려던 편지를 보았어
시절 좋던 그때의 너와 난
변함없는 사랑이 자라고
그날의 추억은 무지개로 피었다

밤하늘 별을 보며
광안리 바다 그 옥상에 앉아
살며시 살결이 스칠 때
설레이던 가슴은 쿵쿵거려
헛기침을 하며 숨겨온 나의 사랑
아직도 너의 모습이
아련히 숨어 있는 책 속의 편지

봉숭아 곱게 물들인 손톱과
분꽃으로 귀걸이 달아 주던 너는
저 골목 끝에서 나를 부르며 손짓하는데
뛰어가 보면 그날의 두 사람은
그림자 하나로 포개어 앉아
반짝이는 눈동자만 까맣게 웃는다.

당신을 만나

별이 끝나는 세계까지
우린 걸었지
다리는 부어 오고 숨은 가쁘고
주저앉을 수 없는 생명의 혼란

멍든 가슴 하나하나 들추어내며
서로의 깊은 이야기를 나누는
깜깜한 공간의 울림으로
두 손을 잡아 웃고, 울던
삶의 디딤돌이 되어 주었지

먼 나라 이야기처럼
낯설고 힘든 삶의 실타래를 풀어
하늘 저 멀리 날려 보낸 듯
연정이 피어나던 그 밤의 속삭임

서로 위무하는 우주의 인연이었다
사랑하는 그대가 곁에 있어
오늘밤 마지막 꿈길을 걸어도
나는 행복했다고 말하리.

편지

이불 속 한밤의 꿈을
당신과 함께 했다면
나는 편지를 쓰지 않을 것이다

아침을 맞이하여
함께 커피를 마시고
소소한 일상을 나누고
두 손 잡고 산책을 나가
뻐꾸기의 울음소리 들었다면
나는 그대에게 편지를 쓰지 않을 것이다

가슴 곳곳에 빼곡히 접어 둔
사랑한다는 단어들의 꿈틀거림에
이른 아침 당신을 찾아 헤매고 있다

어느 구름에 걸렸는지
둥실둥실 떠다니는 그리움이
한낮의 소낙비가 되어 내릴 때
오월의 장미 터널을 지나
달려오는 우체부의 모습

나에게도 그대 소식 있을까
간절한 희망으로 손을 내민다
애타는 내 마음도 모른 채 뿌옇게 사라지는
우체부의 뒷모습에 애를 태운다.

나 그대를 위해

수많은 별들 중에
딱 하나, 빛나는 별이 있어
그 별이 그대라면
나는 그 별을 향해 말할래요

꽃처럼 피고
꽃처럼 아름다워
꽃처럼 잊혀지지 말라고

꽃의 이름과 꽃말은 알면서
빛나는 별의 이름은 얼마나 알까요
그냥 별이구나 하는 그런 별
아니, 그대의 별은 특별해요

내 가슴에 오롯이
당신만이 자리 잡아
반짝이는 빛에 눈이 멀어도
이슬처럼 깨끗한 사랑의 종소리 울려요

속삭이는 그대의 얘기가

잉잉대는 벌처럼 귀를 간지럽혀요
시냇물이 흐르며 재잘대는 얘기처럼
쉬지 않고 사랑 얘기가 들려요

나 그대를 위해
이 밤 깨우고 싶지 않아요
밤은 깜깜해도 그대,
아름다운 별은 더 빛나거든요.

나는 가끔 후회하지

뜰 앞에 내려온 햇살들이
아롱지게 피워 내는 꽃들에게
사랑한다고 말할 때
나는 당신을 사랑한다고 말하지 않았다

두 걸음 멀어진 사이가
만남과 이별의 간이역이 되고
마음을 다해 사랑하지 못한 후회는
여름 장마로 범람하는 슬픔이다.

언젠가 또다시 돋아날 너와의 사랑이
어두운 밤 목화 꽃송이로 피어날 때
너를 부를 수 있을까
그리움이 백합처럼 피어날 때
사랑한다고 후회 없이 불러 보고 싶다.

그대를 사랑하고
―천상병

골수에 스며 오는
그리움이 그대라면
나 행복하다 하겠어요
그대의 그 아픈 시절 한 고비 한 고비
이해하고 함께 아프고 싶어요

서럽던 그 생의 인고한 뿌리
벼랑 끝에 떨어질 듯 아슬한 모습
가시 박힌 고통에 울고 울어도
메아리는 목을 잃어 울 수 없다고 하네요

가난에 살림을 펼쳐둔 사람
겨울밤 찬바람에 찢긴 문풍지마냥
서걱이는 설움만 새벽이 오도록
돌아서지 못해 미련하게 남은 삶

절간에 법고가 울리는 시간에
파리하게 떨리는 이내 몸 하나
그대 곁에 서서 백팔번뇌 끊어 두고
함께 가는 길이라면
나 행복한 이름 부르고 떠나리.

나는 괜찮아

비 오는 날
우산이 없어도
바람 부는 날
따뜻한 옷 한 벌 없어도
나는 괜찮아

웃을 수 있고
어깨에 기댈 사람이 있고
손을 잡고 산책을 갈 수 있다면
나는 괜찮아

창밖에 떨어지는 빗물이
내 눈물이면 어때
하얗게 쌓이는 눈이
내 한숨이면 어때
나는 괜찮아

언제나 봄은 오고
들꽃은 다시 피어나고
강물도 바람에게 몸을 맡기듯

그냥 흘러가는 일
나는 괜찮아.

화양연화

꽃 진 자리가 아름다워
살포시 앉아 보았다
아직도 따스한 온기가 남아
너의 향기가 있는데
툭 떨어져 버린 한 송이 꽃
어디로 가느냐고 묻고 싶은데
목 울림이 서러워 말을 못하니
천국으로 갔다고 메아리로 대답해 주오
속앓이하며 곪았던 속내도 비우고
얘기 못한 수많은 사연도 끊고
이승의 미련과 번뇌도 버리고
이제 맑은 빛으로 고이고이 흘러
천상의 나비 되어 훠얼훠얼 날아오르소서.

당신 없이는

내게 머물러 주는 사람의
사유 같은 분신 하나 뚝 떨어진다

추운 겨울날
슬픈 발레리나의 고독을 녹이며
당신 없는 삶의 이유와 존재를 모르는
나의 깊은 한숨을 퍼다 나른다

당신 없이 걷는 길은
신이 없는 세상의 등불이고
화석처럼 굳어 버린 심장이 되어
벗겨도 벗겨지지 않는 그리움의 갈피

고장난 기계처럼
돌지 않는 시계처럼
일어서지 못하는 오뚝이처럼
당신 없이 내가 없는 한 사람.

가을을 건너는 소리
—아버지

어부의 그물에 가을 전어가 걸렸다
자갈치 횟집에는 집 나간 며느리도 부르는 전어라며
잘게 썰어 내는 은빛 살결로 유혹을 한다

자갈치 거리에 가을 손님이 든다
포장마차에 술기운이 붉게 돌고
하루의 고단한 삶 내려두며
한숨을 담고 마셔 버린 쓴맛

가을을 사랑한 사람
"희야 전어 사다 줄까?"
지금 그 남자가 전어를 사온다
나를 "희야"라고 부르며

가을 전어를 들고 희야를 부르던
그는 지금, 가을을 건넜다
돌아올 수 없는 그날의 희야를 부르며.

해운대의 사랑

해운대 바다를 닮은 그대
그 눈빛는 고요하고
손길은 사랑스러워
사람이 그토록 푸르다는 걸
알게 되었죠

오래되지 않은 사랑도
유월의 능금처럼 상큼하고
아카시아꽃 향기처럼
잘 익어 가는 것
먼 섬의 갈매기도 성숙해집니다

다가서는 모습에는
바다를 삼킨 사자처럼
튼튼한 근육이 피를 가르고
바라보는 눈빛에는
애절한 사랑이 솟구쳐

그대의 해오름은
무쇠 솥을 달구어 내고

나는 온몸을 던져
그대의 열병에
사랑 하나 품어 둡니다.

창밖의 비

창밖엔 비가 내리고
내 마음에도 그리움이 내려
추억 속 사진 한 장 꺼내 본다

우리 사랑했고, 이별하던 그때처럼
비는 내리고
비는 내리고
유리창에 부딪히는 노래 가사는 더없이 슬퍼
나도 그만 비처럼 울어 버렸다

비를 타고 흘러흘러
너의 가슴에 스며든다면
이대로 빗물이 된 것을 감사하리
이대로 젖어 가는 것을 감사하리

다시 그 사랑을 속삭인다면
비처럼 내려도 좋고
비처럼 울어도 좋은 날.

흔적

너를 보내면
그리움이 되어 돌아오고
그리움은 들꽃이 되어
내 마음에 피어나고
너는 언제나 향기를 내며
나를 유혹하지만

기댈 가슴도 없는
고독한 섬에 앉은
흰 갈매기의 슬픔을
그리움이라고 말한다
은빛 바다의 출렁임을
그리움이라고 말한다

이별의 상처는 내 삶에
거친 자국이 되어
그리움의 흔적으로 남아 있어
내가 보듬고 살아가야 할 종신형이다.

나 꽃 진 자리에

나 떠나거든
슬펐다 말하지 마오

비 오던 거리에 쓸려 간 양심이
있었다고 말하지 마오

버려둔 시간 이제
꽃 피었다 말하지 마오

나 떠나거든

그 자리에 앉아
내가 슬퍼 울었던 만큼만
울어 다오.

수레국화

발행 ㅣ 2015년 11월 10일
지은이 ㅣ 남경희
펴낸이 ㅣ 김명덕
펴낸곳 ㅣ 한강출판사
홈페이지 ㅣ www.mhspace.co.kr
등록 ㅣ 1988년 1월 15일(제8-39호)
주소 ㅣ 서울시 종로구 인사동길 5, 408(인사동, 파고다빌딩)
전화 02) 735-4257, 734-4283   팩스 02) 739-4285

값 10,000원

ISBN 978-89-5794-314-4 04810
　　　978-89-88440-00-1 (세트)

※저자와의 협약에 의해 인지는 생략합니다.
※이 도서의 국립중앙도서관 출판예정도서목록(CIP)은 서지정보
　유통지원시스템 홈페이지(http://seoji.nl.go.kr)와 국가자료공
　동목록시스템(http://www.nl.go.kr/kolisnet)에서 이용하실 수
　있습니다.(CIP제어번호: CIP2015029552)